러시아로 가는 길

글│자│배│움│터

- 러시아어 글자 연습 교재 -

러시아로 가는길
글|자|배|움|터

초판 1쇄 2006년 3월 15일
초판 4쇄 2025년 11월 13일

지은이 Е.И. Колцева, А.И. Столбова
옮긴이 뿌쉬낀하우스 출판부
펴낸이 김선명
펴낸곳 뿌쉬낀하우스

주소 서울시 중구 퇴계로20나길 10 202호
전화 02)2237-9387
팩스 02)2238-9388
이메일 book@pushkinhouse.co.kr
홈페이지 www.pushkinhouse.co.kr

출판등록 2004년 3월 1일 제2004-0004호

ISBN 979-89-956903-6-9-13790

ⓒ ЗАО «Златоуст», 1997
Настоящее издание осуществлено по лицензии, полученной от ЗАО «Златоуст».

Korean Translation Copyright ⓒ 2006 by Pushkinhouse Publishing Co.
이 책의 한국어판 저작권은 «Златоуст»(즐라또우스뜨) 출판사와 독점 계약한 뿌쉬낀하우스에 있습니다. 국내에서 저작권법에 의해 보호를 받는 저작물이므로 무단 전재와 무단 복제를 금합니다.

※잘못된 책은 바꿔 드립니다.

러시아로 가는

글|자|배|움|터

- 러시아어 글자 연습 교재 -

뿌쉬낀하우스

머리말

   이 책의 원서는 꼽쩨바(Е.И.Копцева), 스똘보바(А.И.Столбова) 교수의 〈Прописи〉(펜맨쉽, 1997)로서 러시아의 미취학 아동과 초등학생의 글자 쓰기 교재로 현재 러시아에서 사용되고 있다.

   러시아어를 처음 배우는 외국인에게 있어서 글자를 정확하게 읽고 쓰는 것은 처음 모국어를 배우는 아이에게 있어 그러하듯이 매우 중요한 일이다. 특히 필기체가 따로 없는 우리말과는 달리, 러시아어는 인쇄체와 필기체가 동일한 비중을 가지고 있다. 따라서 러시아어 학습자가 러시아어를 처음 배우면서 정확하게 필기체를 익힐 수 있도록 이 책을 펴내게 되었다.

   이 책은 러시아어 글자 쓰기를 연습하면서 러시아어 어휘와 독해를 함께 학습할 수 있도록 구성되어 있다. 자모음의 어결합을 중심으로 한 단어나 문장을 읽고 쓰면서 정확한 발음을 익힐 수 있으며, 짧은 텍스트 쓰기 연습을 통해 문장 구조를 비롯한 러시아어의 기본틀을 배울 수 있다.

   따라서 이 책은 선생님의 지도 하에 사용되었을 때, 보다 높은 학습 효과를 발휘할 것이다. 독학하는 학습자의 경우에는 제 3부 해설을 잘 활용하기 바란다.

   러시아어 단계별 종합교재인 〈러시아로 가는 길〉의 별책으로 나온 〈글자배움터〉를 통해 러시아어를 처음 접하는 많은 학습자들이 정확한 글자를 익히고 재미있게 공부할 수 있기를 바란다.

뿌쉬낀하우스 출판부

 차 례

제 1부	글자 쓰기 연습	7
러시아어 알파벳		8
1장 ● И │ Ш │ С │ О 쓰기 연습		9
2장 ● А │ Л │ М 쓰기 연습		12
3장 ● Г │ П │ Т │ Р 쓰기 연습		15
4장 ● Н │ К │ Ю │ Ь │ Ы 쓰기 연습		18
5장 ● У │ Ч │ Е │ Ъ │ Й 쓰기 연습		21
6장 ● В │ Б │ Д 쓰기 연습		24
7장 ● Ё │ З 쓰기 연습		27
8장 ● Ц │ Щ 쓰기 연습		30
9장 ● Э │ Х │ Ж 쓰기 연습		33
10장 ● Я │ Ф 쓰기 연습		36
제 2부	텍스트 쓰기 연습	39
제 3부	해설	53

제1부 글자 쓰기 연습
Написание Букв

 일러두기

- 🏠 표시는 '과제'를 의미함.
- 사선은 러시아어 필기체의 기울기를 의미함.

Аа	*Аа*	Кк	*Кк*	Хх	*Хх*
Бб	*Бб*	Лл	*Лл*	Цц	*Цц*
Вв	*Вв*	Мм	*Мм*	Чч	*Чч*
Гг	*Гг*	Нн	*Нн*	Шш	*Шш*
Дд	*Дд*	Оо	*Оо*	Щщ	*Щщ*
Ее	*Ее*	Пп	*Пп*	ъ	*ъ*
Ёё	*Ёё*	Рр	*Рр*	ы	*ы*
Жж	*Жж*	Сс	*Сс*	ь	*ь*
Зз	*Зз*	Тт	*Тт*	Ээ	*Ээ*
Ии	*Ии*	Уу	*Уу*	Юю	*Юю*
й	*й*	Фф	*Фф*	Яя	*Яя*

1 И Ш С О 쓰기

И

Ш

1 И Ш С О 쓰기

1 И ㅣ Ш ㅣ С ㅣ О 쓰기

со
ос
шо
ош
ю
ос

И и   Ии
О о   Оо
Ш ш   Шш
С с   Сс
г г

ши ооо ши ооо
ш ш ш ш

2 А Л М 쓰기

А
о о
о̆
а а
ш̆
ша
ааа

са
та
Са
Ша
///
///·///

Л
л л
Л л Л Л
М
м м
М м М М
J J J

2 А Л М 쓰기

Л л
Л л
М м
М м

м   ми
ло   мо
ла   ма

мама
Мила

А А
А а
Алла
Алиса

2 А Л М 쓰기

мама   Алла

лиса   Алиса

Саша мал.

И Алла мала.

А а   Аа

Л л   Лл

М м   Мм

3 Г П Т Р 쓰기

Г
П
Т
Р

/// ///
г г
п п
т т
р р
га ги
па по
та ти
ра ро

ЈЈЈ
ууу

папа
папа

Г
Гг   Гг
п
П
Пп   Пп
т
Тт
Тт   Тт

3 Г П Т Р 쓰기

Рр Рр   Р

Гоша
Паша
Толя
Рома

тир   тир

пар   шар

торт   порт

гора
груша
мост

3 Г П Т Р 쓰기

стол

Рита и Тима играли.

Папа и Паша пилили.

Мама и Ира шили.

Г г

П п

Т т

Р р

Пп
Тт
Рr

4 Н К Ю Ь Ы 쓰기

Н н н
Нн Н
Ии

К к к
Кк К
Кк

г г
ммм

на но
На Но

ка ко
Ка Ко

Ни Ки

Нина
Кира

Ю ю
Юю Ю
Юю

юл юм
юн клю

г г

4 Н К Ю Ь Ы 쓰기

ооо
юла
юнла
юмор
ььь
ыыы
ы
мы   ты
коса — кося
оса — ося
нора — норы
рама — рамы

сын   сыр
мыло

Мама мыла сына.

Мама мыла сына с мылом.

4 Н К Ю Ь Ы 쓰기

ее ее

ю ю

играю — играют

пою — поют

Нина и Юра поют.

Антон и Рома играют.

Н н　　　Нн

К к　　　Кк

Ю ю

Юю

5 У Ч Е Ъ Й 쓰기

и
у
У
Уу
ччч
Ч
Чч
ь
ус　　ул
ку　　ну
усы
часы
lll

конь — кони
лось — лоси
окунь — окуни
гусь — гуси

У Марины кукла Нина.

5 У Ч Е Ъ Й 쓰기

У Юли кот Тиша.

А у Ани гусь Мартин.

Е е
ее
ее Ее ее
ел – ель
угол – уголь

Ъ ъ ъ   ъ ъ
сел – съел
я я я

Й й й й
Й й й й
пей – пью
лей – лью

лист – листья
сук – сучья
ручей – ручьи

Котик.

У Коли кот Пушок. Он мал.
Котик пушистый. Мальчик
играл с котом.

У у Уу

Ч ч Чч

ъ ъ

й

6 В Б Д 쓰기

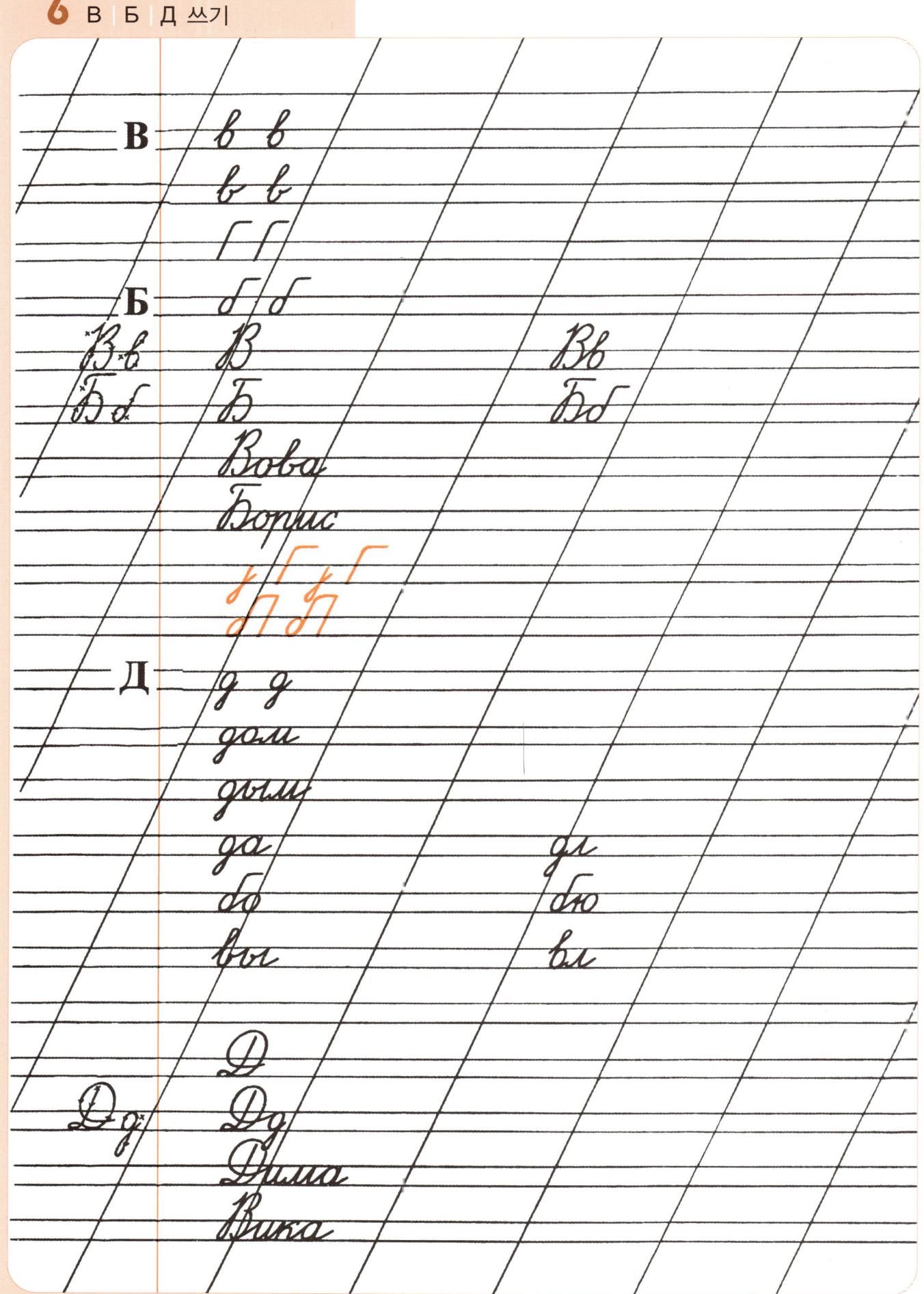

Дима любит брата Вову.

А у Вики брат Андрюша.

Бабушка и внуки.
У бабушки были внуки Илья
и Никита. Бабушка купила
мальчикам барабан и кубики.
Дети рады.

6 В Б Д 쓰기

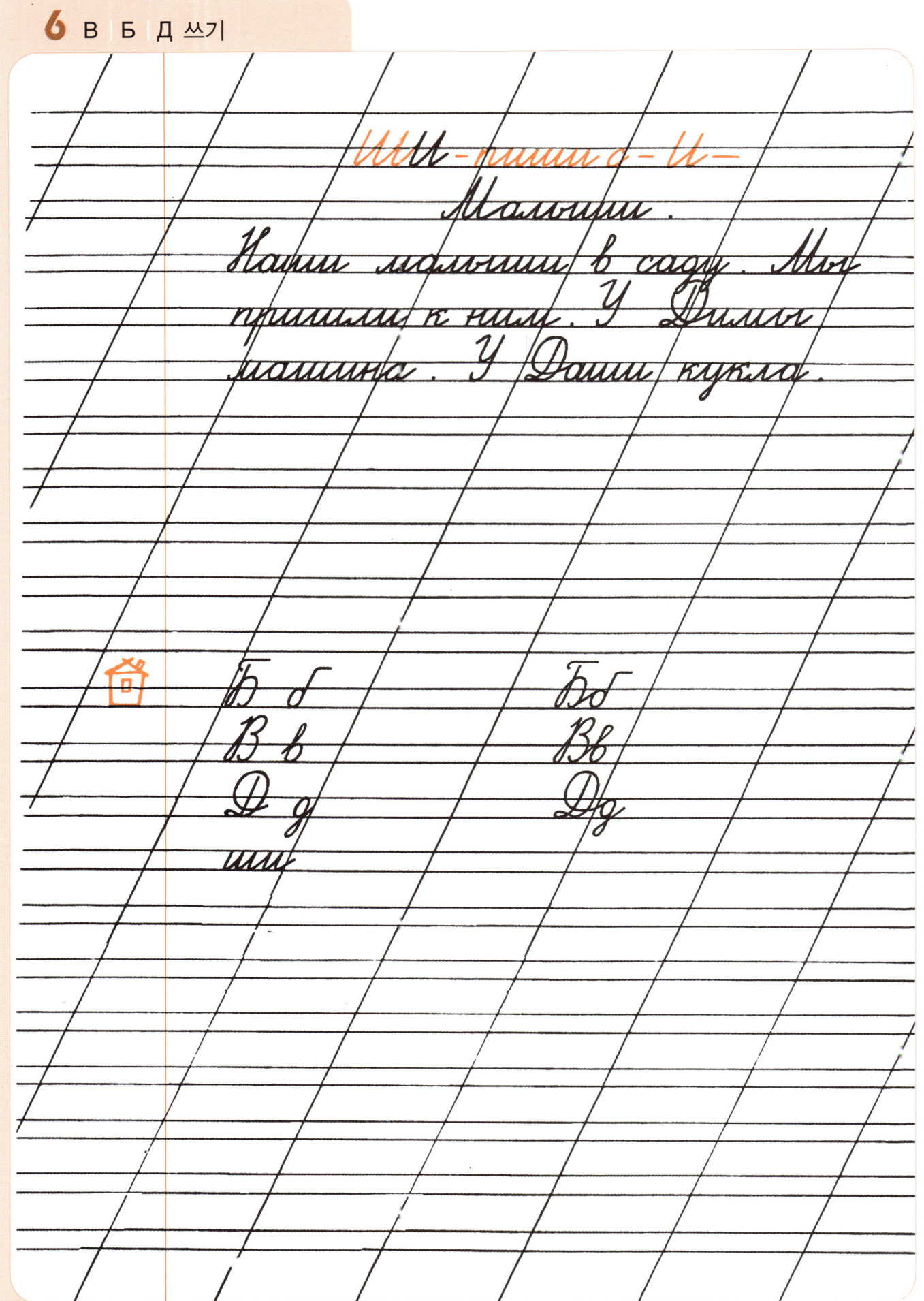

Ши - пиши с - и -
Малыши.
Наши малыши в саду. Мы
пришли к ним. У Димы
машина. У Даши кукла.

Бб Бб
Вв Вв
Дд Дд
или

7 Ё З 쓰기

Ё
Ёе

е
ё
Ёе
Ёе
Ёё
Ё   Елена
ее
ЯЯЯ

З
з
З
Зз   **З** *Зз*
З
      Зина
Елена и Зина сёстры.

зу   уз
за   аз
оз   оз
зе   зи
зь   еш
поза
роза

7 Ё | 3 쓰기

дуб
зуб
ооооооо

В зоопарке есть звери.

У лисы - лисёнок.

У слона - слонёнок.

У козы - козлёнок.

У уточки - утёнок.

Дети были в зоопарке.

Они рады.

сказка
рассказ
Ель   Ёлка

7 Ё | 3 쓰기

Зимой в лесу.
Зимой ёлка зелёна. Зайка сидел под ёлкой. У зайки шубка.
Зайка не замёрз.

Е е   Е е

Ё ё   Ё ё

З з   З з

8 Ц Щ 쓰기

Ц ц Цц

Щ щ Щщ

Цц Цц Цц Ццц

Щщ Щщ Щщ Щщщ

ци цы

цирк

цыплёнок

цапля

ча-ща пиши с -а-
чу-щу пиши с -у-

чаща щавель

8 Ц Щ 쓰기

чулан   щука

Папа поймал щуку.

А Юра поймал леща.

Мы часто ловили рыбу.

У нас чудный обед.

           Цапля.
Целый день у птиц работа.
Ищут пищу у болота.

ɔ ɔ ɔ ɔ c c

       ча
дача   удача
туча   задача

8 ц | щ 쓰기

ща

пища

рощ

Гости.

У Риты были гости. Рита
угощала гостей. На столе чашки
и чайник. Дети будут пить чай.

🏠 Ц ц   Цц
Щ щ   Щщ
ча-ща
чу-щу

9 Э | Х | Ж 쓰기

Э

э
Э
Ээ

Х

х
Х
Хх

Ж

ж
Ж
Жж

хо ох
ох эх
хэ хо

жи жу
жи ож

9 Э | Х | Ж 쓰기

хм　　　хв
эт
сэ

Что это? Это эхо.

жжжж
ж:ж:ж:ж:ж:

Это дом.

Этот дом новый.

В этом доме живёт Женя.

Женя ходит в школу.

ЖИ - пиши с - И -

лу　　　лужи
жо
жи

9 Э | Х | Ж 쓰기

ны
ле
ли

Мыши.
Жили мыши у пруда. Пришла
весна. Мыши пошли на гору.
На горе жила лиса. Она была
рада, что пришли мыши.

Э э   Ээ
Х х
Ж ж
жи
Хх
Жж

10 Я Ф 쓰기

Я я
Я
Яя Яя

Ф ф
Ф
Фф Фф

ффф
яяя
фффф

фр фа
фл фя
фи фу
фб фв
флаг
футбол
финиш

10 Я | Ф 쓰기

ля   мя

имя

знамя

земля

Я я Я

Яша
Яна
Федя
Фёдор

Федя играл в футбол.

Яша забил гол.

Слава поймал мяч.

Хороший получился матч.

10 Я | Ф 쓰기

Друзья.
Яша и Федя братья. Они дружат. Зимой мальчики катаются на лыжах. А летом ходят в лес за грибами.

Я я   Яя

Ф ф   Фф

텍스트 쓰기 연습
Написание Текста

На стене в комнате висят большие часы. У них две стрелки. Большая стрелка показывает минуты. Маленькая–часы. Через каждые полчаса часы бьют. Чудесный бой часов слышен по всей квартире.На стене в комнате висят большие часы. У них две стрелки. Большая стрелка показывает минуты. Маленькая–часы. Через каждые полчаса часы бьют. Чудесный бой часов слышен по всей квартире.На стене в комнате висят большие часы. У них две стрелки. Большая стрелка показывает минуты. Маленькая–часы. Через каждые полчаса часы бьют. Чудесный бой часов слышен по всей квартире.На стене в комнате висят большие часы. У них две стрелки. Большая стрелка показывает минуты. Маленькая–часы. Через каждые полчаса часы бьют. Чудесный бой часов слышен по всей квартире.На стене в комнате висят большие часы. У них две стрелки. Большая стрелка показывает минуты. Маленькая–часы. Через каждые полчаса часы бьют. Чудесный бой часов слышен по всей квартире.Неделя состоит из семи дней. Дни называются : понедельник, вторник, среда, четверг, пятница, суббота, воскресенье. День или сутки делится на двадцать четыре часа. Час делится на шестьдесят минут. В минуте шестьдесят секунд.Маленькая–часы. Через каждые полчаса часы бьют. Чудесный бой часов слышен по всей квартире.Неделя состоит из семи дней. Дни называются : понедельник, вторник, среда, четверг, пятница, суббота, воскресенье. День или сутки делится на двадцать четыре часа. Час делится на шестьдесят минут. В минуте шестьдесят секунд.Маленькая–часы. Через каждые полчаса часы бьют. Чудесный бой часов слышен по всей квартире.Неделя состоит из семи дней. Дни называются : понедельник, вторник, среда, четверг, пятница, суббота, воскресенье. День или сутки делится на двадцать четыре часа. Час делится на шестьдесят минут. В минуте шестьдесят секунд.

텍스트 쓰기 연습

Дорогая мама!
Поздравляю тебя с днём рождения! Желаю тебе здоровья и счастья!
Твоя дочка Маша.

텍스트 쓰기 연습

텍스트 쓰기 연습

Милая бабушка!
Поздравляю тебя с Рождеством.
Желаю тебе здоровья и счастья!
Твой внук Павлик.

텍스트 쓰기 연습

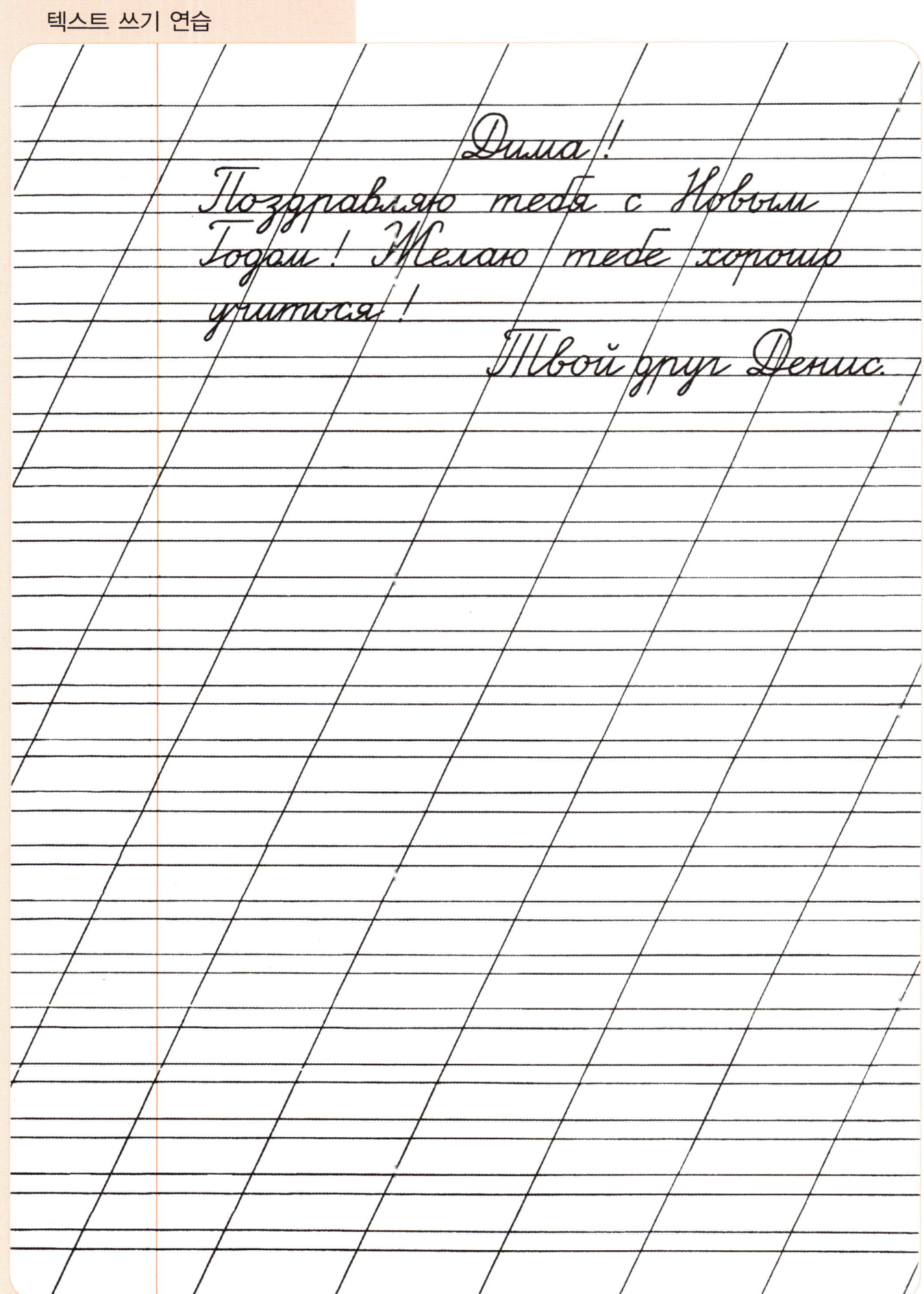

텍스트 쓰기 연습

Этажи леса.

У птиц и зверьков в лесу есть свои этажи. Мыши в норках живут. Соловьи и дрозды вьют гнёзда в кустарниках. Дятел, синица, сова живут на деревьях. Выше всех летают ястребы и орлы.

С давних пор люди живут на берегах рек. Самые большие реки в России - Енисей, Лена, Амур, Иртыш. В Азовское море впадает Дон. Но самая известная русская река - Волга.

텍스트 쓰기 연습

Пушкин.

Александр Сергеевич Пушкин - русский поэт. Он родился в Москве. Пушкин написал много чудесных стихов. Мы любим читать и слушать сказки Пушкина. Мы знаем стихи о кораблике, о белочке. Сколько ещё стихов Пушкина мы прочитаем!

Ель растет перед дворцом,

А под ней хрустальный дом.

Белка там живет ручная...

텍스트 쓰기 연습

텍스트 쓰기 연습

Часы.

На стене в комнате висят большие часы. У них две стрелки. Большая стрелка показывает минуты. Маленькая - часы. Через каждые полчаса часы бьют. Чудесный бой часов слышен по всей квартире.

Вы знаете, кто такие предки? Это дедушки и бабушки наших дедушек и бабушек. Это люди, которые жили на нашей земле до нас.

텍스트 쓰기 연습

Кораблик.

Ветер по морю гуляет
и кораблик подгоняет.
Он бежит себе в волнах
На раздутых парусах.

В России много больших и малых городов. Красивы древние Новгород, Владимир, Ярославль. На берегу моря стоят Мурманск, Владивосток, Новороссийск. Хороши сибирские города Иркутск, Тюмень, Омск, Тобольск. Все знают Москву и Петербург.

텍스트 쓰기 연습

Ёлочка.

В лесу родилась ёлочка,
в лесу она росла.
Зимой и летом стройная,
зелёная была.

В солнечной системе девять планет. Мы живем на планете Земля. Наши соседи - Венера и Марс. Самые большие планеты - Юпитер и Сатурн. Дальше всех находятся Уран, Плутон, Нептун. На небе мы часто видим Меркурий.

텍스트 쓰기 연습

Год делится на двенадцать месяцев, пятьдесят две недели, триста шестьдесят пять дней. Месяцы называются: январь, февраль, март, апрель, май, июнь, июль, август, сентябрь, октябрь, ноябрь, декабрь.

텍스트 쓰기 연습

텍스트 쓰기 연습

Неделя состоит из семи дней. Дни называются: понедельник, вторник, среда, четверг, пятница, суббота, воскресенье. День или сутки делится на двадцать четыре часа. Час делится на шестьдесят минут. В минуте шестьдесят секунд.

텍스트 쓰기 연습

텍스트 쓰기 연습

텍스트 쓰기 연습

제 3 부 해설
Комментарии

일러두기

- 명사의 경우, 남성명사는 **남**으로, 여성명사는 **여**로, 중성명사는 **중**으로, 복수의 경우에는 **복**으로 표시함.
- 대명사, 형용사, 부사, 전치사, 접속사, 소사, 의문사의 경우, 각각 **대명**, **형**, **부**, **전치**, **접속**, **소사**, **의문** 으로 표시함.
- 동사의 경우, 불완료체는 **불완**, 완료체는 **완**으로 표시함.

P13

мáма	여 엄마
Мила	여 밀라(Людмила의 애칭, 여자이름)
Áлла	여 알라(여자이름)
Алиса	여 알리사(여자이름)

P14

лисá	여 여우

Сáша мал. 사샤는 어리다
И Сима малá. 시마도 어리다

P15

пáпа	남 아빠
пáра	여 한 쌍

P16

Гóша	남 고샤(Георгий의 애칭, 남자이름)
Пáша	남 빠샤(Павел의 애칭, 남자이름)
Тóма	여 또마(Тамара의 애칭, 여자이름)
Рóма	남 로마(Роман의 애칭, 남자이름)
тир	남 사격장
тигр	남 호랑이
пар	남 김, 증기
шар	남 공, 구
торт	남 케익
порт	남 항구
горá	여 산
гром	남 천둥
мост	남 다리

P17

стол	남 책상, 탁자

Рита и Тима игрáли.
리따와 찌마가 놀았다
Пáпа и Пáша пилили.
아빠와 빠샤가 톱질을 했다
Мáма и Ира шили.
엄마와 이라가 바느질을 했다

P18

на	전치 ~위에
но	접속 그러나
Нина	여 니나(여자이름)
Кира	여 끼라(여자이름)

P19

юлá	여 팽이
юнга	남 견습생 선원
юмор	남 유머
мы	대명 우리
ты	대명 너
косá	여 – кóсы	복 땋아 내린 머리
осá	여 – óсы	복 땅벌
норá	여 – нóры	복 (짐승 따위의) 굴
рáма	여 – рáмы	복 창틀
сын	남 아들
сыр	남 치즈
мыло	중 비누

Мáма мыла сына.
엄마가 아들을 목욕시켰다
Мáма мыла сына с мылом.
엄마가 아들을 비누로 목욕시켰다

P20

игрáю	불완 играть (놀다)의 1인칭 단수형
игрáют	불완 играть (놀다)의 3인칭 복수형
поió	불완 петь (노래하다)의 1인칭 단수형
поióт	불완 петь (노래하다)의 3인칭 복수형

Нина и Юра поют.
니나와 유라가 노래한다
Антóн и Рóма играют.
안똔과 로마가 논다

P21

усы	복 콧수염
часы	복 시계
конь	남 – кóни	복 말
лось	남 – лóси	복 큰 사슴
óкунь	남 – óкуни	복 농어

гусь 남 – гу́си 복 거위
У Мари́ны ку́кла Ни́на.
마리나에게는 니나라는 인형이 있다

P22

У Ю́ли кот Ти́ша.
율랴에게는 찌샤라는 고양이가 있다

А у А́ни гусь Ма́ртин.
그런데 아냐에게는 마르찐이라는 거위가 있다

ел	불완	есть(먹다)의 남성 과거형
ель	여	전나무
у́гол	남	구석, 모퉁이
у́голь	남	석탄
сел	완	сесть(앉다)의 남성 과거형
съел	완	съесть(먹다)의 남성 과거형
пей	불완	пить(마시다)의 명령형
пью	불완	пить(마시다)의 1인칭 단수형
лей	불완	лить(붓다)의 명령형
лью	불완	лить(붓다)의 1인칭 단수형
лист	남 – ли́стья 복	나뭇잎
сук	남 – су́чья 복	큰 가지
руче́й	남 – ручьи́ 복	시냇물, 개울

P24

Во́ва	남	보바(Владимир의 애칭, 남자이름)
Бори́с	남	보리스(남자이름)
дом	남	집
дым	남	연기
да	소사	네
вы	대명	당신들
Ди́ма	남	지마(Дмитрий의 애칭, 남자이름)
Ви́ка	여	비까(Виктория의 애칭, 여자이름)

P25

Ди́ма лю́бит бра́та Во́ву.
지마가 보바 형을 좋아한다

А у Ви́ки брат Андрю́ша.
그런데 비까에게는 안드류샤라는 오빠가 있다

P27

Еле́на	여	옐례나(여자이름)
Зи́на	여	지나(Зинаида의 애칭, 여자이름)

Еле́на и Зи́на сёстры.
옐레나와 지나는 자매이다

ро́за	여	장미
роса́	여	이슬

P28

дуб	남	참나무
зуб	남	이, 치아

В зоопа́рке есть зве́ри.
동물원에는 동물들이 있다

Ко́тик 고양이 — P23

У Ко́ли кот Пушо́к. Он мал. Ко́тик пуши́стый. Ма́льчик игра́л с кото́м.
꼴랴에게는 뿌속이라는 고양이가 있다. 고양이는 어리다. 고양이는 털이 복슬복슬하다. 소년은 고양이와 놀았다.

у	전치	~의 곁에, ~에게, (~의 소속이나 소유를 나타냄)가지고 있다
Ко́ля	남	꼴랴(Николай의 애칭, 남자이름)
кот	남	고양이
Пушо́к	남	뿌속(동물의 이름)
он	대명	그
мал	형	어리다
ко́тик	남	고양이(кот의 지소형)
пуши́стый	형	부드러운, 털에 싸인
ма́льчик	남	소년
игра́л	불완	играть(놀다)의 남성 과거형
с	전치	~와 함께

У лисы́ – лисёнок.
여우에게는 여우 새끼가 있다

У слона́ – слонёнок.
코끼리에게는 코끼리 새끼가 있다

У козы́ – козлёнок.
염소에게는 염소 새끼가 있다

У у́точки – утёнок.
오리에게는 오리 새끼가 있다

Де́ти бы́ли в зоопа́рке.
아이들은 동물원에 갔었다

Они́ ра́ды.   그들은 기뻤다

ска́зка 　㈀　전래동화
расска́з 　㈁　이야기
ель 　㈀　전나무
ёлка 　㈀　전나무

 P30

цирк 　㈁　서커스

цыплёнок 　㈁　병아리
ца́пля 　㈀　왜가리
ча́ща 　㈀　밀림, 우거진 숲
щаве́ль 　㈁　식물의 종류

P31

чула́н 　㈁　창고, 헛간, 저장실
щу́ка 　㈀　꼬치고기

Па́па пойма́л щу́ку.
아빠가 꼬치고기를 잡았다

А Ю́ра пойма́л леща́.
그런데 유라는 놀래미를 잡았다

Мы ча́сто ло́вим ры́бу.
우리는 종종 낚시를 한다

У нас чу́дный обе́д.
우리는 진수성찬의 식사를 했다

ца́пля 　㈀　왜가리

Це́лый день у птиц рабо́та.

Ба́бушка и вну́ки 할머니와 손자들   P25

У ба́бушки бы́ли вну́ки Илья́ и Ники́та. Ба́бушка купи́ла ма́льчикам бараба́н и ку́бики. Де́ти ра́ды.
할머니에게는 손자 일리야와 니끼따가 있었다. 할머니는 아이들에게 북과 집짓기 장난감을 사주었다. 아이들은 기뻐했다.

люби́ть	불완 좋아하다, 사랑하다		быть	불완 ~이다, ~이 있다
брат	남 남자형제		Илья́	남 일리야(남자이름)
Во́ва	남 보바(Владимир의 애칭, 남자이름)		Ники́та	남 니끼따(남자이름)
у	전치 ~의 곁에, ~에게, (~의 소속이나 소유를 나타냄)가지고 있다		купи́ть	완 사다, 구입하다
			ма́льчик	남 소년, 아이
Ви́ка	여 비까(Виктория의 애칭, 여자이름)		бараба́н	남 북
Андрю́ша	안드류샤(Андрей의 애칭, 남자이름)		ку́бики	남 집짓기 장난감(кубик의 복수형)
ба́бушка	여 할머니		де́ти	복 아이들
внук	남 손자		рад	형 기쁘다

Малыши́ 아이들   P26

На́ши малыши́ в саду́. Мы пришли́ к ним. У Ди́мы маши́на. У Да́ши ку́кла.
우리 아이들은 정원에 있다. 우리는 그들에게 갔다. 지마에게는 자동차가 있다. 다샤에게는 인형이 있다.

малы́ш	남 어린 아이		к	전치 ~에게
наш	대명 우리의		маши́на	여 자동차
в	전치 ~에, ~안에		Да́ша	여 다샤(Дарья의 애칭, 여자이름)
сад	남 정원		ку́кла	여 인형
прийти́	완 오다, 이르다, 도착하다			

새는 하루종일 일이 많다

Йщут пищу у болота.

늪지(습지)에서 먹을 것을 찾는다

дача	여	별장
уда́ча	여	행운
ту́ча	여	먹구름
зада́ча	여	문제

P32

| пи́ща | 여 | 식품 |
| ро́ща | 여 | 숲 |

P34

Что это?

이것은 무엇입니까?

Это эхо.

이것은 메아리이다

Это дом.

이것은 집이다

Этот дом новый.

이 집은 새 집이다

В этом доме живёт Женя.

이 집에는 줴냐가 산다

Женя ходит в школу.

줴냐는 학교에 다닌다

| лу́жи | 복 | 웅덩이들(лу́жа의 복수형) |

P36

флаг	남	깃발
футбо́л	남	축구
фи́ниш	남	결승점

P37

и́мя	중	이름
зна́мя	중	깃발
земля́	여	땅, 대지
Я́ша	남	야샤(Я́ков의 애칭, 남자이름)
Я́на	여	야나(여자이름)
Фе́дя	남	페쟈(Фёдор의 애칭, 남자이름)
Фёдор	남	표도르(남자이름)

Фе́дя игра́л в футбо́л.

페쟈는 축구를 했다

Я́ша заби́л гол.

야샤는 골을 넣었다

Сла́ва пойма́л мяч.

슬라바는 공을 잡았다

Хоро́ший получи́лся матч.

경기가 잘 되었다

Зимо́й в лесу́   겨울 숲   P29

Зимо́й ёлка зелена́. За́йка сиде́л под ёлкой. У за́йки шу́бка. За́йка не замёрз.

겨울에 전나무는 푸르다. 토끼가 전나무 아래에 앉아 있었다. 토끼는 털이 많다. 토끼는 춥지 않다.

зимо́й	부	겨울에	под	전치	~의 밑에, 아래에
зелена́	형	녹색의, 푸른	шу́бка	여	모피 외투, 동물의 털
за́йка	남	토끼	не	소사	~이 아닌
сиде́ть	불완	앉아 있다	замёрзнуть	완	얼다, 얼어 죽다

Го́сти   손님들   P32

У Ри́ты бы́ли го́сти. Ри́та угоща́ла госте́й. На столе́ ча́шки и ча́йник. Де́ти бу́дут пить чай.

리따에게 손님들이 왔다. 리따는 손님들을 대접했다. 탁자 위에 찻잔과 주전자가 있다. 아이들은 차를 마실 것이다.

угоща́ть	불완	대접하다, 환대하다	стол	남	탁자, 책상
ча́шка	여	찻잔	ча́йник	남	주전자
чай	남	차			

Мыши 생쥐들 P35

Жи́ли мы́ши у пруда́. Пришла́ весна́. Мы́ши пошли́ на го́ру. На горе́ жила́ лиса́. Она́ была́ ра́да, что пришли́ мы́ши.
연못가에 생쥐들이 살았다. 봄이 왔다. 생쥐들이 산으로 갔다. 산에 여우가 살았다. 여우는 생쥐들이 와서 기뻤다.

мышь	여 생쥐		гора́	여 산
жить	불완 살다		лиса́	여 여우
пруд	남 연못		она́	대명 그녀
весна́	여 봄		что	의문 무엇
на	전치 ~위에			

Друзья́ 친구들 P38

Я́ша и Фе́дя бра́тья. Они́ дру́жат. Зимо́й ма́льчики ката́ются на лы́жах. А ле́том хо́дят в лес за гриба́ми.
야샤와 폐쟈는 형제이다. 그들은 사이가 좋다. 겨울에 아이들은 스키를 탄다. 여름에는 숲으로 버섯을 따러 다닌다.

друзья́	복 친구들(друг의 복수형)		лы́жи	복 스키
Я́ша	남 야샤(Яков의 애칭, 남자이름)		ле́том	부 여름에
Фе́дя	남 폐쟈(Фёдор의 애칭, 남자이름)		ходи́ть	불완 걸어다니다
бра́тья	복 형제들(брат의 복수형)		в	전치 ~에, ~로
дружи́ть	불완 친교를 맺게 하다		лес	남 숲
зимо́й	부 겨울에		за	전치 ~뒤로, ~를 위해
ма́льчик	남 소년		гриб	남 버섯
ката́ться	불완 (스키, 썰매 등을) 타다			

Дорога́я ма́ма! 사랑하는 엄마! P40

Поздравля́ю тебя́ с днём рожде́ния!
Жела́ю тебе́ здоро́вья и сча́стья!
Твоя́ до́чка Ма́ша.

생신을 축하합니다.
건강과 행복을 기원합니다.
당신의 딸 마샤 올림

дорого́й	형 소중한, 고가의, 비싼		тебе́	대명 ты의 여격
поздравля́ть	불완 축하하다		здоро́вье	중 건강
тебя́	대명 ты의 생격, 대격		сча́стье	중 행복, 행운
с	전치 ~와 함께		твой	대명 너의
день	남 날, 낮		до́чка	여 딸(дочь의 지소형)
рожде́ние	중 탄생		Ма́ша	여 마샤(Мария의 애칭, 여자이름)
жела́ть	불완 바라다, 희망하다			

Ми́лая ба́бушка! 사랑하는 할머니! P41

Поздравля́ю тебя́ с Рождество́м.
Жела́ю тебе́ здоро́вья и сча́стья!
Твой внук Па́влик.

즐거운 성탄 되세요.
건강과 행복을 기원합니다.
당신의 손자 빠블릭 올림

ми́лый	형 사랑스러운, 사랑하는, 친근한
Рождество́	중 크리스마스
Па́влик	남 빠블릭(Павел의 애칭, 남자이름)

Дима! 지마!

Поздравля́ю тебя́ с Но́вым Го́дом!
Жела́ю тебе́ хорошо́ учи́ться!
Твой друг Дени́с.

새해 복 많이 받아!
공부 잘 하길 빌게.
너의 친구 제니스가

С Но́вым Го́дом	새해인사(새해 복 많이 받으세요)	друг	남 친구
хорошо́	부 좋게, 잘, 좋다	Дени́с	남 제니스(남자이름)
учи́ться	불완 배우다, 학습하다		

Этажи́ ле́са 숲의 층

У птиц и зверько́в в лесу́ есть свои́ этажи́. Мы́ши в но́рках живу́т. Соловьи́ и дрозды́ вьют гнёзда в куста́рниках. Дя́тел, сини́ца, сова́ живу́т на дере́вьях. Вы́ше всех лета́ют я́стребы и орлы́.

숲의 새들과 동물들에게는 자신들의 층이 있다. 생쥐들은 굴에서 산다. 꾀꼬리와 개똥지빠귀들은 관목 숲 속에 둥지를 튼다. 딱다구리, 박새, 부엉이는 나무 위에서 산다. 매들과 독수리들은 모든 새들보다 더 높이 날아다닌다.

эта́ж	남 층		гнездо́	중 새의 둥지
лес	남 숲		куста́рник	남 관목, 관목의 숲
пти́ца	여 새		дя́тел	남 딱다구리
зверь	남 짐승, 동물		сини́ца	여 박새
есть	불완 ~이다, ~이 있다		сова́	여 부엉이
свой	대명 자기의, 자기 특유의(свой의 복수형)		де́рево	중 나무
но́рка	여 (짐승 따위의)굴(нора́의 지소형)		вы́ше	형 더 높은, 더 높이(высо́кий의 비교급)
жить	불완 ~에 살다		все	대명 모든, 모든 것
солове́й	남 꾀꼬리		лета́ть	불완 날아가다, 비행하다
дрозд	남 개똥지빠귀		я́стреб	남 매
вить	불완 감다, 비틀다, 꼬다		орёл	남 독수리

С да́вних пор лю́ди живу́т на берега́х рек. Са́мые больши́е ре́ки в Росси́и — Енисе́й, Ле́на, Аму́р, Иртьíш. В Азо́вское мо́ре впада́ет Дон. Но са́мая изве́стная ру́сская река́ — Во́лга.

옛날부터 사람들은 강가에 살았다. 러시아에서 가장 큰 강은 예니세이, 레나, 아무르, 이르뜨의슈 강이다. 돈강은 아조프 해로 흘러간다. 그러나 가장 유명한 러시아의 강은 볼가강이다.

с	전치 ~와 함께, ~로부터		Аму́р	남 아무르(강이름)
да́вний	형 옛날의, 이전의		Иртьíш	남 이르뜨의슈(강이름)
пора́	여 때, 시기		Азо́вский	형 아조프 해
лю́ди	복 사람들		мо́ре	중 바다
бе́рег	남 강변		впада́ть	불완 흘러가다
река́	여 강		Дон	남 돈(강이름)
са́мый	대명 가장~한(형용사의 최상급을 만듦)		но	접속 그러나
большо́й	형 큰		изве́стный	형 유명한
Росси́я	여 러시아		ру́сский	형 러시아의
Енисе́й	남 예니세이(강이름)		Во́лга	여 볼가(강이름)
Ле́на	여 레나(강이름)			

Пушкин 뿌쉬낀 P44

Алекса́ндр Серге́евич Пу́шкин—ру́сский поэ́т. Он роди́лся в Москве́. Пу́шкин написа́л мно́го чуде́сных стихо́в. Мы лю́бим чита́ть и слу́шать ска́зки Пу́шкина. Мы зна́ем стихи́ о кора́блике, о бе́лочке. Ско́лько ещё стихо́в Пу́шкина мы прочита́ем!

알렉산드르 세르게예비치 뿌쉬낀은 러시아 시인이다. 그는 모스크바에서 태어났다. 뿌쉬낀은 훌륭한 시들을 많이 썼다. 우리는 뿌쉬낀의 이야기들을 읽고 듣는 것을 좋아한다. 우리는 작은 배와 청솔모에 관한 시들을 알고 있다. 앞으로도 우리는 뿌쉬낀의 많은 시들을 읽게 될 것이다.

Александр Сергеевич Пушкин 알렉산드르 세르게예비치 뿌쉬낀(러시아 시인)

ру́сский	형 러시아의		чита́ть	불완 읽다	
поэ́т	남 시인		слу́шать	불완 듣다	
он	대명 그		ска́зка	여 전래동화	
роди́ться	완 태어나다		знать	불완 알다	
Москва́	여 모스크바		о	전치 ~에 관하여	
написа́ть	완 쓰다		кора́блик	남 작은 배	
мно́го	부 많이, 많다		бе́лочка	여 청솔모(бе́лка의 지소형)	
чуде́сный	형 놀라운, 탁월한		ско́лько	부 얼마, ~만큼	
стихи́	복 시		ещё	부 또한, 아직	
мы	대명 우리		прочита́ть	완 읽다	
люби́ть	불완 사랑하다, 좋아하다				

Ель растёт пе́ред дворцо́м.
А под ней хруста́льный дом.
Бе́лка там живёт ручна́я...

전나무가 궁전 앞에서 자라고 있다.
그런데 전나무 아래에 크리스탈로 만들어진 집이 있다.
그 곳에 사람과 친한 청솔모가 살고 있다.

ель	여 전나무	хруста́льный	형 크리스탈의, 유리로 된	
расти́	불완 자라다, 성장하다	дом	남 집	
пе́ред	전치 ~앞에	бе́лка	여 청솔모	
дворе́ц	남 궁전	там	부 저기에	
а	접속 그런데	жить	불완 살다	
под	전치 ~아래에	ручно́й	형 손에 들 수 있는, (동물에 대하여)길들인	

Часы́ 시계 P45

На стене́ в ко́мнате вися́т больши́е часы́. У них две́ стре́лки. Больша́я стре́лка пока́зывает мину́ты. Ма́ленькая—часы́. Че́рез ка́ждые полчаса́ часы́ бьют. Чуде́сный бой часо́в слы́шен по всей кварти́ре.

방안의 벽에는 커다란 시계가 걸려 있다. 시계에는 두 개의 바늘이 있다. 큰 바늘은 분을 가리킨다. 작은 바늘은 시간을 가리킨다. 매 30분마다 시계는 종을 울린다. 온 방안에 멋진 시계 소리가 울려 퍼진다.

на	전치 ~위에	пока́зывать	불완 보여주다	бой	남 치고 때리는 것, 두드리는 소리
стена́	여 벽	мину́та	여 분	слы́шать	불완 들리다
ко́мната	여 방	ма́ленький	형 작은	по	전치 ~를 따라
висе́ть	불완 걸리다, 매달리다	че́рез	전치 ~후에	все	대명 모든, 모든 것
большо́й	형 큰	ка́ждый	대명 각각의, 모든, ~매	кварти́ра	여 아파트, 방
часы́	복 시계	полчаса́	남 30분		
две	2, 2개	бить	불완 치다, 두들기다		
стре́лка	여 시계 바늘	чуде́сный	형 놀라운, 뛰어난		

Вы зна́ете, кто таки́е пре́дки? Это де́душки и ба́бушки на́ших де́душек и ба́бушек. Это лю́ди, кото́рые жи́ли на на́шей земле́ до нас.
당신은 조상이라는 말을 알고 있는가? 이분들은 우리 할아버지 할머니의 할아버지 할머니들이다. 이 분들은 우리가 태어나기 전에 이 땅에 살았던 사람들이다.

Вы	대명	당신	наш	대명	우리의
знать	불완	알다	лю́ди	복	사람들
кто	의문	누구	кото́рый	대명	~하는
тако́й	형	그러한, 그와 같은	жить	불완	살다
пре́док	남	조상	на	전치	~위에
это	소사	이것	земля́	여	땅, 대지
де́душка	남	할아버지	до	전치	~까지
ба́бушка	여	할머니			

Кора́блик 작은 배   P46

*Ве́тер по мо́рю гуля́ет
И кора́блик подгоня́ет.
Он бежи́т себе́ в волна́х.
На разду́тых паруса́х.*

바람이 바다 위를 거닌다.
그리고 작은 배를 몰아 간다.
작은 배는 부푼 돛을 안고
파도를 타며 달려 간다.

ве́тер	남	바람	бежа́ть	불완	달리다
по	전치	~를 따라	себя́	대명	자기 자신을
мо́ре	중	바다	волна́	여	파도, 물결
гуля́ть	불완	산책하다	на	전치	~위에
кора́блик	남	작은 배	разду́ть	완	불다, 팽창하게 하다, 부풀게 하다
подгоня́ть	불완	몰아가다, 내몰다	па́рус	남	돛
он	대명	그			

В Росси́и мно́го больши́х и ма́лых городо́в. Краси́вы дре́вние Но́вгород, Влади́мир, Яросла́вль. На берегу́ мо́ря стоя́т Му́рманск, Владивосто́к, Новоросси́йск. Хоро́ши сиби́рские города́ Ирку́тск, Тюме́нь, О́мск, Тобо́льск. Все зна́ют Москву́ и Петербу́рг.

러시아에는 많은 크고 작은 도시들이 있다. 옛 도시 노브고로드, 블라지미르, 야로슬라블은 아름답다. 해안가에는 무르만스끄, 블라지보스똑, 노보로시스끄가 있다. 시베리아 도시들 이르꾸쯔끄, 쮸멘, 옴스끄, 또볼스끄는 멋지다. 모든 사람들이 모스끄바와 뻬제르부르그를 알고 있다.

в	전치	~에	стоя́ть	불완	서다, 서 있다, 있다, 존재하다
Росси́я	여	러시아	Му́рманск	남	무르만스끄(도시이름)
мно́го	부	많이, 많다	Владивосто́к	남	블라지보스똑(도시이름)
большо́й	형	큰	Новоросси́йск	남	노보로시스끄(도시이름)
ма́лый	형	작은, 적은	хоро́ший	형	좋은
го́род	남	도시	сиби́рский	형	시베리아의
краси́вый	형	아름다운	Ирку́тск	남	이르꾸쯔끄(도시이름)
дре́вний	형	고대의, 옛적의	Тюме́нь	여	쮸멘
Но́вгород	남	노브고로드(도시이름)	О́мск	남	옴스끄
Влади́мир	남	블라지미르(도시이름)	Тобо́льск	남	또볼스끄
Яросла́вль	남	야로슬라블(도시이름)	все	대명	모든, 모든 것
на	전치	~위에	знать	불완	알다
бе́рег	남	강변	Москва́	여	모스끄바
мо́ре	중	바다	Петербу́рг	남	뻬제르부르그

Ёлочка 전나무

P47

В лесу́ роди́лась ёлочка,
В лесу́ она́ росла́.
Зимо́й и ле́том стро́йная,
Зелёная была́.

전나무는 숲에서 태어났다.
전나무는 숲에서 자랐다.
겨울과 여름에는 곧고 푸르다.

ёлочка	(여) 전나무	зимо́й	(부) 겨울에
в	(전치) ~에	ле́том	(부) 여름에
лес	(남) 숲	стро́йный	(형) 균형이 잡힌, 볼품이 있는
роди́ться	(완) 태어나다, 출생하다	зелёный	(형) 푸른
она́	(대명) 그녀	быть	(불완) ~이다
расти́	(불완) 자라다, 성장하다		

В со́лнечной систе́ме де́вять плане́т. Мы живём на плане́те Земля́. На́ши сосе́ди – Вене́ра и Марс. Са́мые больши́е плане́ты – Юпи́тер и Сату́рн. Да́льше всех нахо́дятся Ура́н, Плуто́н, Непту́н. На не́бе мы ча́сто ви́дим Мерку́рий.

태양계에는 9개의 행성이 있다. 우리는 지구라는 행성에 살고 있다. 우리의 이웃별은 금성과 화성이다. 가장 큰 행성은 목성과 토성이다. 제일 멀리에는 천왕성, 명왕성, 해왕성이 있다. 하늘에서 우리는 자주 수성을 보게 된다.

в	(전치) ~에	большо́й	(형) 큰
со́лнечный	(형) 태양의	Юпи́тер	(남) 목성
систе́ма	(여) 조직, 체계	Сату́рн	(남) 토성
де́вять	9	далёкий	(형) 먼, 먼 곳의
плане́та	(여) 행성, 혹성	все	(대명) 모든, 모든 것
мы	(대명) 우리	находи́ться	(불완) ~에 있다, 존재하다
жить	(불완) 살다	Ура́н	(남) 천왕성
на	(전치) ~위에	Плуто́н	(남) 명왕성
Земля́	(여) 지구	Непту́н	(남) 해왕성
наш	(대명) 우리의	не́бо	(중) 하늘
сосе́д	(남) 이웃	ча́сто	(부) 자주, 종종
Вене́ра	(여) 금성	ви́деть	(불완) 보다, 보이다
Марс	(남) 화성	Мерку́рий	(남) 수성
са́мый	(대명) 가장 ~한 (형용사의 최상급을 만듦)		

P48

Год де́лится на двена́дцать ме́сяцев, пятьдеся́т две неде́ли, три́ста шестьдеся́т пять дней. Ме́сяцы называ́ются : янва́рь, февра́ль, март, апре́ль, май, ию́нь, ию́ль, а́вгуст, сентя́брь, октя́брь, ноя́брь, дека́брь.

1년은 12달, 52주, 365일로 나뉜다. 달들은 1월, 2월, 3월, 4월, 5월, 6월, 7월, 8월, 9월, 10월, 11월, 12월로 불린다.

год	(남) 년	пять	5	а́вгуст	(남) 8월
дели́ться	(불완) 나누어지다	день	(남) 날	сентя́брь	(남) 9월
на	(전치) ~위에	называ́ться	(불완) ~라고 불리다	октя́брь	(남) 10월
двена́дцать	12	янва́рь	(남) 1월	ноя́брь	(남) 11월
ме́сяц	(남) 달	февра́ль	(남) 2월	дека́брь	(남) 12월
пятьдеся́т	50	март	(남) 3월		
две	2	апре́ль	(남) 4월		
неде́ля	(여) 주	май	(남) 5월		
три́ста	300	ию́нь	(남) 6월		
шестьдеся́т	60	ию́ль	(남) 7월		

Неде́ля состои́т из семи́ дней. Дни называ́ются : понеде́льник, вто́рник, среда́, четве́рг, пя́тница, суббо́та, воскресе́нье. День и́ли су́тки де́лится на два́дцать четы́ре часа́. Час де́лится на шестьдеся́т мину́т. В мину́те шестьдеся́т секу́нд.

일주일은 7일로 이루어져 있다. 날들의 이름은 월요일, 화요일, 수요일, 목요일, 금요일, 토요일, 일요일이다. 하루는 24시간으로 나뉜다. 한 시간은 60분으로 나뉜다. 1분은 60초이다.

неде́ля	여 주		воскресе́нье	중 일요일
состоя́ть	불완 성립되다, 되다		и́ли	접속 또는, 혹은
из	전치 ~로부터		су́тки	복 1주야, 24시간
семь	7		дели́ться	불완 나누어지다
день	남 날		на	전치 ~위에
называ́ться	불완 ~라고 불리다		два́дцать	20
понеде́льник	남 월요일		четы́ре	4
вто́рник	남 화요일		час	남 시간
среда́	여 수요일		шестьдеся́т	60
четве́рг	남 목요일		мину́та	여 분
пя́тница	여 금요일		секу́нда	남 초
суббо́та	여 토요일